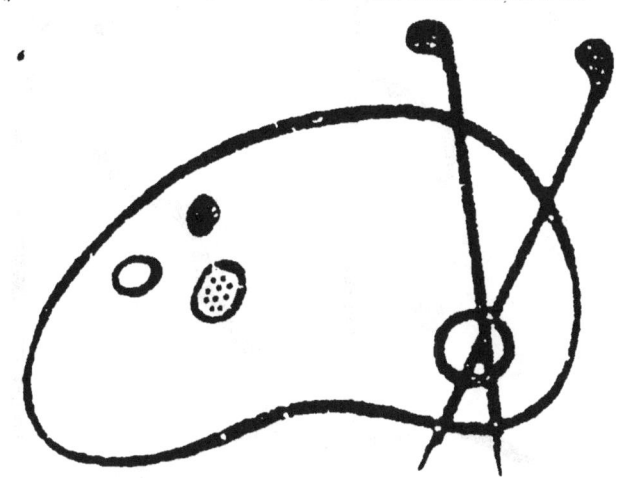

Début d'une série de documents
en couleur

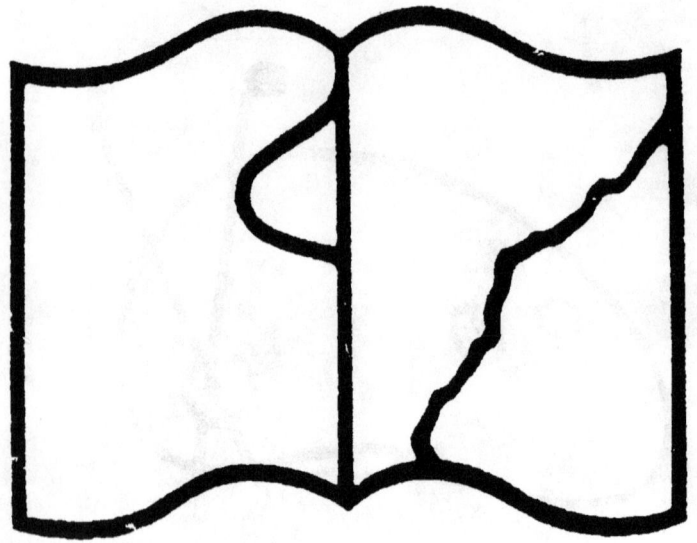

Texte détérioré
Marge(s) coupée(s)

E. CORNÉLY, Éditeur, 101, rue de Vaugirard, PARIS

A. AULARD et A. DEBIDOUR
Cours d'Histoire de France
A L'USAGE DE L'ENSEIGNEMENT PRIMAIRE

Cours élémentaire

Récits familiers sur l'histoire nationale, des origines à nos jours.
Un volume. . . . . 1 fr. 10

Le même en deux parties séparées

1re PARTIE: Des origines à la guerre de Cent ans . . . . 0 fr. 65
2e PARTIE: De la guerre de Cent ans à nos jours. . . . . . . 0 fr. 65

Cours moyen

Révision rapide des origines et développement considérablement accru des périodes moderne et contemporaine.
Un volume. . . . . 1 fr. 20

Cours supérieur *(sous presse)*

Notions d'histoire des peuples anciens, histoire de la France et des grands événements de l'histoire générale du moyen âge à nos jours.

EXTRAIT DE L'AVERTISSEMENT DES AUTEURS

« L'esprit en est franchement démocratique et laïque, comme il convient quand on s'adresse à des enfants qui seront citoyens dans une République. L'œuvre de raison et de justice accomplie par la Révolution française y est glorifiée comme elle le mérite, et les principes sur lesquels reposent nos institutions s'y trouvent justifiés par la leçon même des événements. »

Le Livre pour Tous

10 CENTIMES LE VOLUME — 15 CENTIMES PAR LA POSTE

10 volumes sont expédiés franco pour 1 fr. 25 }
20   —   —   —   2 fr. » } Ancienne ou nouvelle série.

ANCIENNE SÉRIE

81. VICTOR HUGO. A travers son œuvre.
101. J.-J. ROUSSEAU. Le Contrat social.
102. MIRABEAU. Opinions et Discours.
105. DANTON. Discours.
132. CAMILLE DESMOULINS. La Lanterne.
133. CARNOT. La Révolution Française.
136. TONY RÉVILLON. Hoche.
137. GAMBETTA. Affaire Baudin.
141. MERCIER. Paris en 1789.
145. J. CLARETIE. Les derniers Montagnards

NOUVELLE SÉRIE

1. La République et les Grands Républicains.
4. VOLTAIRE. Essai sur les mœurs. T. I.
5. VOLTAIRE. Essai sur les mœurs. T. II.
12. A. CHÉNIER. Poésies.
21. D'ALEMBERT. Suppression des jésuites.
23. Marc Aurèle.
28. CONDORCET. Pascal.
29. P.-L. COURIER. Choix de lettres.
31. Vauban et la Dîme Royale.
42. La Vie municipale.
44. La Révolution de 1830.
63. MONTESQUIEU. Lettres persanes.
64. MONTESQUIEU. Esprit des lois.
65. VOLTAIRE. Charles XII.
66. VOLTAIRE. Pierre le Grand.
67. ROUSSEAU. Émile. T. I.
68. ROUSSEAU. Émile T. II.
69. DIDEROT. Morceaux choisis.
70. D'ALEMBERT. De l'Encyclopédie.
71. CONDORCET. Progrès de l'Esprit humain.
72. Mme ROLAND. Mémoires (Extraits).
73. VOLNEY. La loi naturelle. Principes physiques de la morale.
74. Mme DE STAEL. Morceaux choisis.

Imprimerie de Suresnes (E. PAYEN, adm^r), 9, rue du Pont. — 4917

LE LIVRE POUR TOUS
Ancienne série
144 OUVRAGES PARUS

AGRICULTURE
- 26. Les Engrais.
- 37. La Viticulture.

ARMÉE
- 6. Le Service militaire.
- 13. Les Écoles militaires. Saint-Cyr.
- 63. Les Fusils à répétition
- 65. Les Projectiles.
- 67. Les Mitrailleuses.
- 71. Les Canons.

ARTS D'AGRÉMENT
- 32. Les Feux d'artifice.
- 38. La Pêche.
- 42. La Chasse.

ARTS ET MÉTIERS
- 89. La Gravure. Tome I.
- 90. —   — II.

BEAUX-ARTS
- 25. La Peinture sur porcelaine.
- 80. Les Faïences anciennes.

CUISINE
- 56. L'office.
- 58. Les Viandes. Tome I.
- 59. —   — II.
- 131. Les Potages.
- 138. Les Sauces.
- 139. Les Légumes.

DROIT
- 21. La Justice de paix.

DROIT CIVIL
- 29. Les Enfants.
- 35. Le Mariage.

ÉCONOMIE DOMESTIQUE
- 28. La Cave et les vins.
- 142. Les Ustensiles de cuisine.

ÉCONOMIE SOCIALE
- 17. Les Impôts.
- 20. L'Épargne.
- 133. La Maison et son mobilier.
- 23. Les Assurances.

ENSEIGNEMENT
- 15. Grammaire anglaise.
- 50. Grammaire anglaise (syntaxe et pronon.)
- 5a. Grammaire française.

FINANCES
- 14. Les Douanes.

GÉOGRAPHIE
- 1a. La France. Tome I.
- 2a. —   — II.
- 3a. —   — III.
- 4a. France administrat.
- 5. L'Afrique française.
- 22. L'Europe.
- 36. La Russie.
- 43. L'Allemagne.
- 47. L'Océanie.

MANUFACTURES NATION^{les}
- 79. Les Gobelins.
- 77. Manufacture de Sèvres.

HISTOIRE
- 8. Histoire romaine.
- 44. La France, 1re partie.
- 49. —   — 2me —
- 54. —   — 3me —
- 60. Histoire ancienne.
- 136. Hoche, p^r T. Révillon.
- 141. Paris en 1789, par Mercier.
- 145. Les derniers Montagnards, p^r J. Claretie

HORTICULTURE
- 9. Les Fleurs.
- 34. Les Arbres fruitiers.

HYGIÈNE
- 1. La Santé.
- 11. Les Falsifications : Aliments.
- 12. —   Boissons.
- 31. La première Enfance.
- 78. L'Alcool.

INDUSTRIE
- 69. Le Canal de Suez.
- 70. Les Aiguilles.
- 72. Les Locomotives.
- 74. Les Mines.
- 76. Le Tissage de la Soie.
- 82. Les Tissages façonnés.
- 86. Les Alcools. Tome I.
- 87. —   — II.
- 88. La Bougie.

LITTÉRATURE
- 4. La Littérature franç^{se}.
- 19. — Le XVIe siècle.
- 27. — Le XVIIe—1re pér.
- 39. —   —   — 2e—
- 48. — Le XVIIIe siècle.
- 45. — Le XIXe siècle.
- 81. Victor Hugo. A travers son œuvre.
- 83. Molière. Les Précieuses ridicules.
- 84. Molière. Le Tartufe I.
- 85. —   — II.
- 91. Beaumarchais. Le Barbier de Séville. I.
- 92. —   — II.
- 93. Molière. L'École des maris.
- 94. Hégésippe Moreau. Contes.
- 100. La Fontaine. Fables choisies.
- 105. Danton. Discours.
- 106. Désaugiers. Chansons.
- 109. Racine. Les Plaideurs.
- 112. J.-J. Rousseau. L'Enfance.
- 114. Thiers. Le 18 Mars.
- 115. Barbès. Deux jours de condamnation.
- 117. Beaumarchais. Le Mariage de Figaro. I.
- 118. —   — II.
- 119. —   — III.
- 120. Lamennais. Le Livre du peuple.
- 121. X. de Maistre. La jeune Sibérienne. I.
- 122. —   — II.
- 126. Voltaire. Poésies.
- 127. Corneille. Le Menteur. Tome I.
- 128. —   — II.
- 132. Camille Desmoulins. La Lanterne.
- 133. Carnot. La Révolution française.

MÉDECINE
- 2. Les Maladies et les Remèdes.
- 16. Anatomie, physiologie
- 62. La Rage et l'Institut Pasteur.

MÉTIERS
- 53. L'Imprimerie.
- 55. La Typographie.

PHYSIQUE
- 103. Les Machines électriques. Tome I.
- 104. —   — II.

POLITIQUE
- 101. J.-J. Rousseau. Le Contrat social.
- 102. Mirabeau. Opinions et discours.
- 137. Affaire Baudin.—Plaidoyer de Gambetta.

SCIENCE
- 3. La Photographie.
- 7. L'Astronomie.
- 18. Élém. d'arithmétique.
- 24. L'Électricité.
- 30. Botanique (1re partie).
- 40. —   (2e —).

SUITE DES OUVRAGES PARUS (Ancienne série)

- 41. Les Microbes.
- 46. L'Homme préhistorique.
- 51. Cosmographie (1ʳᵉ p.)
- 52. — (2ᵉ p.)
- 61. Torpilles et torpilleurs.
- 64. Tremblements de terre.
- 66. Les Ballons dirigeables.
- 68. L'Electricité au théâtre.
- 73. La lumière électrique.
- 95. Les Moteurs à gaz.
- 96. Les premiers Ballons.
- 97. La Direction des ballons.
- 98. Les Piles électriques I.
- 99. — II.
- 107. Les Moteurs hydrauliques. Tome I.
- 108. — II.

TRAVAUX MANUELS
- 10. La Couture.
- 57. Le Tricot.
- 140. Le Filet.
- 143. Broderie. Tome I.
- 144. — II.
- 146. Tapisserie.
- 147. Dentelle Renaissance.
- 149. Le Crochet. Tome I.
- 150. — II.

VITICULTURE
- 75. Le Phylloxéra.

LE LIVRE POUR TOUS
MILLE ET UN MANUELS POPULAIRES
10 Centimes le volume (15 cent. par la poste)

La Bibliothèque des Mille et un Manuels populaires, paraissant sous ce titre suffisamment explicite : LE LIVRE POUR TOUS, formera une encyclopédie complète des Lettres, des Sciences, des Arts, de l'Industrie, du Commerce et de l'Agriculture dans leur diversité infinie.

La collection du LIVRE POUR TOUS (ancienne série) réunit déjà 144 fascicules séparés, traitant chacun d'un sujet spécial formant un tout.

La *Nouvelle Série* est publiée suivant les traditions déjà établies, mais nous avons cru devoir donner à quelques-unes des publications nouvelles un caractère d'actualité. Cette actualité sera l'*actualité politique, littéraire, scientifique*, etc.

La collection intéresse toutes les professions, toutes les conditions, tous les âges et peut être mise entre toutes les mains.

Le prix de chaque volume, chez les libraires, est de 10 centimes, mais il est de 15 centimes, par la poste, si on prend par volumes séparés. Cette augmentation qui n'est que le prix perçu par la poste, n'existe pas lorsqu'on prend 20 volumes à la fois.

NOUVELLE SÉRIE

- 1. La République et les grands Républicains.
- 2. Hygiène et Maladies de l'Hiver.
- 3. Le Vin et les Régions viticoles.
- 4 et 5. *Voltaire* : Essai sur les mœurs, t. I et II.
- 6. Nos Ecoles d'Arts et Métiers.
- 7. Les Ponts militaires.
- 8. Les Boers et l'Afrique Australe.
- 9. La Télégraphie sans fil.
- 10 et 11. Les Sports hygiéniques.
- 12. *André Chénier* : Poésies.
- 13. L'industrie laitière.
- 14. Le Transvaal.
- 15. Les Quatre Fils Aymon.
- 16. La Défense des frontières.
- 17. La Poudre et les Explosifs.
- 18. Les Expéditions au Pôle Nord.
- 19. Le Café.
- 20. La Reliure.
- 21. *D'Alembert* : La suppression des Jésuites.
- 22. L'Avocat Patelin.
- 23. Marc Aurèle.
- 24. Les Enfants prodiges.
- 25. Le Sel et l'Industrie Salicole.
- 26. Des Famines.
- 27. Céramique, Emaux, Mosaïque.
- 28. *Condorcet* : Pascal.
- 29. *P.-L. Courier* : Choix de Lettres.
- 30. Les Grandes Pyrénées.
- 31. Vauban et la Dîme royale.
- 32. *Regnard* : Le Joueur, t. I.
- 33. — t. II.
- 34. Le Cidre et le Poiré.
- 35. Le Paysage.
- 36. La Photographie.
- 37. Notions élémentaires de perspective.
- 38. Christophe Colomb.
- 39. Fernand Cortez.
- 40. Le Coton.
- 41. La Basse-Cour.
- 42. La Vie Municipale.
- 43. La Télégraphie.
- 44. La Révolution de 1830.
- 45. Le Canal de Suez.
- 46. La Bicyclette.
- 47. Les Conquérants Mongols.
- 48. La Haute Normandie.
- 49. La Guerre Anglo-Boer.
- 50. Le Pétrole et ses applications.
- 51. La Bretagne.
- 52. Les Frontières voisines.
- 53. La Savoie.
- 54. *Stendhal* : Le Gᵃˡ Bonaparte.
- 55. La Basse Normandie.
- 56. Hypnotisme.
- 57. Mᵐᵉ *de Lafayette* : La princesse de Clèves.
- 58. Le Sucre de Betterave.
- 59. Le Houblon.
- 60. Le Cheval.
- 61. Contre la tuberculose.
- 62. Le Nord.

Fin d'une série de documents
en couleur

D'ALEMBERT

DISCOURS PRÉLIMINAIRE

DE

L'ENCYCLOPÉDIE

L'*Encyclopédie* que nous présentons au public est, comme son titre l'annonce, l'ouvrage d'une société de gens de lettres. Nous croirions pouvoir assurer, si nous n'étions pas du nombre, qu'ils sont tous avantageusement connus ou dignes de l'être. Mais sans vouloir prévenir un jugement qu'il n'appartient qu'aux savants de porter, il est au moins de notre devoir d'écarter avant toutes choses l'objection la plus capable de nuire au succès d'une si grande entreprise. Nous déclarons donc que nous n'avons point eu la témérité de nous charger seuls d'un poids si supérieur à nos forces, et que notre fonction d'éditeurs consiste principalement à mettre en ordre des matériaux dont la partie la plus considérable nous a été entièrement fournie. Nous avions fait expressément la même déclaration dans le corps du prospectus (1); mais elle aurait peut-être dû se

---

(1) Ce prospectus a été publié au mois de novembre 1750.

trouver à la tête. Par cette précaution, nous eussions apparemment répondu d'avance à une foule de gens du monde, et même à quelques gens de lettres, qui nous ont demandé comment deux personnes pouvaient traiter de toutes les sciences et de tous les arts, et qui néanmoins avaient jeté sans doute les yeux sur le prospectus, puisqu'ils ont bien voulu l'honorer de leurs éloges. Ainsi, le seul moyen d'empêcher sans retour leur objection de reparaître, c'est d'employer, comme nous faisons ici, les premières lignes de notre ouvrage à la détruire. Ce début est donc uniquement destiné à ceux de nos lecteurs qui ne jugeront pas à propos d'aller plus loin : nous devons aux autres un détail beaucoup plus étendu sur l'exécution de l'*Encyclopédie*: ils le trouveront dans la suite de ce Discours, avec le nom de chacun de nos collègues ; mais ce détail, si important par sa nature et par sa matière, demande à être précédé de quelques réflexions philosophiques.

L'ouvrage que nous commençons (et que nous désirons de finir) a deux objets : comme *encyclopédie*, il doit exposer, autant que possible, l'ordre et l'enchaînement des connaissances humaines; comme *dictionnaire raisonné des sciences, des arts* et *des métiers*, il doit contenir, sur chaque science et sur chaque art, soit libéral, soit mécanique, les principes généraux qui en sont la base, et les détails les plus essentiels qui en font le corps et la substance. Ces deux points de vue, d'*encyclopédie* et de *dictionnaire raisonné*, formeront donc le plan et la division du discours préliminaire. Nous allons les envisager, les suivre l'un après l'autre, et rendre compte des moyens par lesquels on a tâché de satisfaire à ce double objet.

Pour peu qu'on ait réfléchi sur la liaison que les découvertes ont entre elles, il est facile de s'apercevoir que les sciences et les arts se prêtent mutuellement des secours, et qu'il y a par conséquent une chaîne qui les unit. Mais il est souvent difficile de réduire à un petit nombre de règles ou de notions générales chaque science ou chaque art en particulier ; il ne l'est pas moins de renfermer, dans un système qui soit un, les branches infiniment variées de la science humaine.

Le premier pas que nous ayons à faire dans cette recherche est d'examiner, qu'on nous permette ce terme, la généalogie et la filiation de nos connaissances, les causes qui ont dû les faire naître et les caractères qui les distinguent ; en un mot de remonter jusqu'à l'origine et à la génération de nos idées. Indépendamment des secours que nous tirerons de cet examen pour l'énumération encyclopédique des sciences et des arts, il ne saurait être déplacé à la tête d'un dictionnaire raisonné des connaissances humaines.

On peut diviser toutes nos connaissances en directes et en réfléchies. Les directes sont celles que nous recevons immédiatement sans aucune opération de notre volonté ; qui, trouvant ouvertes, si on peut parler ainsi, toutes les portes de notre âme, y entrent sans résistance et sans effort. Les connaissances réfléchies sont celles que l'esprit acquiert en opérant sur les directes, en les unissant et en les combinant.

Toutes nos connaissances directes se réduisent à celles que nous recevons par les sens ; d'où il s'ensuit que c'est à nos sensations que nous devons toutes nos idées. Ce principe des premiers philosophes a été longtemps regardé comme un axiome par les scolastiques ; pour qu'ils lui fissent cet honneur, il suffisait qu'il fût ancien, et ils auraient défendu avec la même chaleur les formes substantielles ou les qualités occultes. Aussi, cette vérité fut-elle traitée, à la renaissance de la philosophie, comme les opinions absurdes, dont on aurait dû la distinguer ; on la proscrivit avec ces opinions parce que rien n'est si dangereux pour le vrai et ne l'expose tant à être méconnu que l'alliage ou le voisinage de l'erreur. Le système des idées innées, séduisant à plusieurs égards, et plus frappant peut-être parce qu'il était moins connu, a succédé à l'axiome des scolastiques ; et, après avoir longtemps régné, il conserve encore quelques partisans : tant la vérité à de peine à reprendre sa place quand les préjugés ou le sophisme l'en ont chassée. Enfin, depuis assez peu de temps, on convient presque généralement que les anciens avaient raison, et ce n'est pas la seule question sur laquelle nous commençons à nous rapprocher d'eux.

Rien n'est plus incontestable que l'existence de nos sensations ; ainsi, pour prouver qu'elles sont le principe de nos connaissances, il suffit de démontrer qu'elles peuvent l'être : car, en bonne philosophie, toute déduction qui a pour base des faits ou des vérités reconnues, est préférable à ce qui n'est appuyé que sur des hypothèses, même ingénieuses. Pourquoi supposer que nous ayons d'avance des notions purement intellectuelles, si nous n'avons besoin, pour les former, que de réfléchir sur nos sensations ? Le détail où nous allons entrer fera voir que ces notions n'ont point, en effet, d'autre origine.

La première chose que nos sensations nous apprennent et qui même n'en est pas distinguée, c'est notre existence, d'où il s'ensuit que nos premières idées réfléchies doivent tomber sur nous, c'est-à-dire sur ce principe pensant qui constitue notre nature, et qui n'est point différent de nous-mêmes. La seconde connaissance que nous devons à nos sensations est l'existence des objets extérieurs, parmi lesquels notre propre corps doit être compris, puisqu'il nous est, pour ainsi dire, extérieur, même avant que nous ayons démêlé la nature du principe qui pense en nous. Ces objets innombrables produisent sur nous un effet si puissant, si continu, et qui nous unit tellement à eux, qu'après un premier instant où nos idées réfléchies nous rappellent en nous-mêmes, nous sommes forcés d'en sortir par les sensations qui nous assiègent de toutes parts, et qui nous arrachent à la solitude où nous resterions sans elles. La multiplicité de ces sensations, l'accord que nous remarquons dans leur témoignage, les nuances que nous y observons, les affections involontaires qu'elles nous font éprouver, comparées avec la détermination volontaire qui préside à nos idées réfléchies, et qui n'opère que sur nos sensations mêmes : tout cela forme en nous un penchant insurmontable à assurer l'existence des objets auxquels nous rapportons ces sensations, et qui nous paraissent en être la cause ; penchant que bien des philosophes ont regardé comme étant l'ouvrage d'un Être supérieur et comme l'argument le plus convaincant de l'existence de ces objets. En effet, n'y ayant aucun rapport entre chaque sensation et l'objet qui l'occasionne, ou du moins auquel nous le rapportons, il ne paraît pas qu'on puisse trouver, par le raisonnement, de passage possible de l'un à l'autre : il n'y a qu'une espèce d'instinct, plus sûre que la raison même, qui puisse nous forcer à franchir un si grand intervalle ; et cet instinct est si vif en nous, que quand on supposerait pour un moment qu'il subsistât pendant que les objets extérieurs seraient anéantis, ces mêmes objets, reproduits tout à coup, ne pourraient augmenter sa force. Jugeons donc, sans balancer, que nos sensations ont, en effet, hors de nous la cause que nous leur supposons, puisque le fait qui peut résulter de l'existence réelle de cette cause ne saurait différer en aucune manière de celui que nous éprouvons. Et n'imitons point ces philosophes dont parle Montaigne, qui, interrogés sur le principe des actions humaines, cherchent encore s'il y a des hommes. Loin de vouloir répandre des nuages sur une vérité reconnue des sceptiques, même lorsqu'ils ne disputent pas, laissons aux métaphysiciens éclairés le soin d'en développer le principe : c'est à eux à déterminer, s'il est possible, quelle gradation observe notre âme dans ce premier pas qu'elle fait hors d'elle-même, poussée, pour ainsi dire, et retenue tout à la fois par une foule de perceptions qui, d'un côté, l'entraînent vers les objets extérieurs, et qui, de l'autre, n'appartenant proprement qu'à elle semblent lui circonscrire un espace étroit dont elles ne lui permettent pas de sortir.

De tous les objets qui nous affectent par leur présence, notre propre corps est celui dont l'existence nous frappe le plus, parce qu'elle nous appartient plus intimement ; mais à peine sentons-nous l'existence de notre corps, que nous nous apercevons de l'attention qu'il exige de nous, pour écarter les dangers qui l'environnent. Sujet à mille besoins, et sensible au dernier point à l'action des corps extérieurs, il serait bientôt détruit si le soin de sa conservation ne nous occupait. Ce n'est pas que tous les corps extérieurs nous fassent éprouver des sensations désagréables, quelques-uns semblent nous dédommager par le plaisir que leur action nous procure ; mais tel est le malheur de la condition humaine, que la douleur est en nous le sentiment le plus vif : le plaisir nous touche moins qu'elle, et ne suffit presque jamais pour nous en consoler. En vain quelques philosophes soutenaient, en retenant leurs cris au milieu des souffrances, que la douleur n'était point un mal ; en vain quelques autres plaçaient le bonheur suprême dans la volupté, à laquelle ils ne laissaient pas de se refuser par la crainte de ses suites : tous auraient mieux connu notre nature s'ils s'étaient contentés de borner à l'exemption de la douleur le souverain bien de la vie présente, et de convenir que, sans pouvoir atteindre à ce souverain bien, il nous était seulement permis d'en approcher plus ou moins, en proportion de nos soins et de notre vigilance. Des réflexions si naturelles frapperont infailliblement tout homme abandonné à lui-même et libre des préjugés, soit d'éducation, soit d'étude : elles seront la suite de la première impression qu'il recevra des objets, et on peut les mettre au rang de ces premiers mouvements de l'âme, précieux pour les vrais sages, et dignes d'être observés par eux, mais négligés ou rejetés par la philosophie ordinaire, dont ils démentent presque toujours les principes.

La nécessité de garantir notre propre corps de la douleur et de la destruction nous fait examiner, parmi les objets extérieurs, ceux qui peuvent nous être utiles ou nuisibles, pour rechercher les uns et fuir les autres. Mais, à peine commençons-nous à parcourir ces objets, que nous découvrons parmi eux un grand nombre d'êtres qui nous paraissent entièrement semblables à nous, c'est-à-dire dont la forme est toute pareille à la nôtre, et qui, autant que nous en pouvons juger au premier coup d'œil, semblent avoir les mêmes perceptions que nous ; tout nous porte donc à penser qu'ils ont aussi les mêmes besoins que nous éprouvons, et, par conséquent, le même intérêt à les satisfaire ; d'où il résulte que nous devons trouver beaucoup d'avantage à nous unir avec eux pour démêler dans la nature ce qui peut nous conserver ou nous nuire. La communication des idées est le principe et le soutien de cette union, et demande nécessairement l'invention des signes : telle est l'origine de la formation des sociétés avec laquelle les langues ont dû naître.

Ce commerce, que tant de motifs puissants nous engagent à former avec les autres hommes, augmente bientôt l'étendue de nos idées, et nous en fait naître de très nouvelles pour nous, et de très éloignées, selon toute apparence, de celles que nous aurions eues pour nous-mêmes sans un tel secours. C'est aux philosophes à juger si cette communication réciproque, jointe à la ressemblance que nous apercevons entre nos sensations et celles de nos semblables, ne contribue pas beaucoup à former ce penchant invincible que nous avons à supposer l'existence de tous les objets qui nous frappent. Pour me renfermer dans mon sujet, je remarquerai seulement que l'agrément et l'avantage que nous trouvons dans un pareil commerce, soit à faire part de nos idées aux autres hommes, soit à joindre les leurs aux nôtres, doit nous porter à resserrer de plus en plus les liens de la société commencée, et à la rendre la plus utile pour nous qu'il est possible. Mais chaque membre de la société, cherchant ainsi à augmenter pour lui-même l'utilité qu'il en retire, et ayant à combattre dans chacun des autres membres un empressement égal, tous ne peuvent avoir la même part aux avantages, quoique tous y aient le même droit. Un droit si légitime est donc bientôt enfreint par ce droit barbare d'inégalité, appelé droit du plus fort, dont l'usage semble nous confondre avec les animaux, et dont il est pourtant si difficile de ne pas abuser. Ainsi, la force, donnée par la nature à certains hommes, et qu'ils ne devraient sans doute employer qu'au soutien et à la protection des faibles, est, au contraire, l'origine de l'oppression de ces derniers. Mais plus l'oppression est violente, plus ils la souffrent impatiemment, parce qu'ils sentent que rien n'a dû les y assujettir. De là la notion de l'injuste, et, par conséquent, du bien et du mal moral, dont tant de philosophes ont cherché le principe, et que le cri de la nature qui retentit dans tout homme, fait entendre chez les peuples même les plus sauvages. De là aussi cette loi naturelle que nous trouvons au dedans de nous, source des premières lois que les hommes ont dû former; sans le secours même de ces lois, elle est quelquefois assez forte, sinon pour anéantir l'oppression, au moins pour la contenir dans certaines bornes. C'est ainsi que le mal que nous éprouvons par les vices de nos semblables produit en nous la connaissance réfléchie des vertus opposées à ces vices, connaissance précieuse dont une union et une égalité parfaites nous auraient peut-être privés.

Par l'idée acquise du juste et de l'injuste, et conséquemment de la nature morale des actions, nous sommes naturellement amenés à examiner quel est en nous le principe qui agit, ou, ce qui est la même chose, la substance qui veut et qui conçoit. Il ne faut pas approfondir beaucoup la nature de notre corps et l'idée que nous en avons pour reconnaître qu'il ne saurait être cette substance, puisque les propriétés que nous observons dans la matière n'ont rien de commun avec la faculté de vouloir et de penser ; d'où il résulte que cet être appelé *nous* est formé de deux principes de différente nature tellement unis, qu'il règne entre les mouvements de l'un et les affections de l'autre une correspondance que nous ne saurions ni suspendre ni altérer, et qui les tient dans un assujettissement réciproque. Cet esclavage si indépendant de nous, joint aux réflexions que nous sommes forcés de faire sur la nature des deux principes et sur leur imperfection, nous élève à la contemplation d'une intelligence toute-puissante à qui nous devons ce que nous sommes, et qui exige par conséquent notre culte ; son existence, pour être reconnue, n'aurait besoin que de notre sentiment intérieur, quand même le témoignage universel des autres hommes, et celui de la nature entière ne s'y joindraient pas.

Il est donc évident que les notions purement intellectuelles du vice et de la vertu, le principe et la nécessité des lois, la spiritualité de l'âme, l'existence de Dieu et nos devoirs envers lui ; en un mot, les vérités dont nous avons le besoin le plus prompt et le plus indispensable, sont le fruit des premières idées réfléchies que nos sensations occasionnent.

Quelque intéressantes que soient ces premières vérités pour la plus noble portion de nous-mêmes, le corps auquel elle est unie nous ramène bientôt à lui par la nécessité de pourvoir à des besoins qui se multiplient sans cesse. Sa conservation doit avoir pour objet, ou de prévenir les maux qui le menacent, ou de remédier à ceux dont il est atteint. C'est à quoi nous cherchons à satisfaire par deux moyens, savoir : par nos découvertes particulières, et par les recherches des autres hommes ; recherches dont notre commerce avec eux nous met à portée de profiter. De là ont dû naître d'abord l'agriculture, la médecine, enfin tous les arts les plus absolument nécessaires. Ils ont été en même temps et nos connaissances primitives, et la source de toutes les autres, même de celles qui en paraissent très éloignées par leur nature : c'est ce qu'il faut développer plus en détail.

Les premiers hommes, en s'aidant mutuellement de leurs lumières, c'est-à-dire de leurs efforts séparés ou réunis, sont parvenus, peut-être en assez peu de temps, à découvrir une partie des usages auxquels ils pouvaient employer les corps. Avides de connaissances utiles, ils ont dû écarter d'abord toute spéculation oisive, considérer rapidement, les uns après les autres, les différents êtres que la nature leur présentait, et les combiner, pour ainsi dire, matériellement, par leurs propriétés les plus frappantes et les plus palpables. A cette première combinaison, il a dû en succéder une autre plus recherchée, mais toujours relative à leurs besoins, et qui a principalement consisté dans une étude plus approfondie de quelques propriétés moins sensibles dans l'altération et la décomposition des corps, et dans l'usage qu'on en pouvait tirer.

Cependant, quelque chemin que les hommes dont nous

parlons et leurs successeurs aient été capables de faire, excités par un objet aussi intéressant que celui de leur propre conservation, l'expérience et l'observation de ce vaste univers leur ont fait rencontrer bientôt des obstacles que leurs plus grands efforts n'ont pu franchir. L'esprit accoutumé à la méditation, et avide d'en tirer quelque fruit, a dû trouver alors une espèce de ressource dans la découverte des propriétés des corps uniquement curieuses, découverte qui ne connaît point de bornes. En effet, si un grand nombre de connaissances agréables suffisait pour consoler de la privation d'une vérité utile, on pourrait dire que l'étude de la nature, quand elle nous refuse le nécessaire, fournit du moins avec profusion à nos plaisirs : c'est une espèce de superflu qui supplée, quoique très imparfaitement, à ce qui nous manque. De plus, dans l'ordre de nos besoins et des objets de nos passions, le plaisir tient une des premières places, et la curiosité est un besoin pour qui sait penser, surtout lorsque ce désir inquiet est animé par une sorte de dépit de ne pouvoir entièrement se satisfaire. Nous devons donc un grand nombre de connaissances simplement agréables à l'impuissance malheureuse où nous sommes d'acquérir celles qui nous seraient d'une plus grande nécessité. Un autre motif sert à nous soutenir dans un pareil travail : si l'utilité n'en est pas l'objet, elle peut en être au moins le prétexte. Il nous suffit d'avoir trouvé quelquefois un avantage réel dans certaines connaissances où d'abord nous ne l'avions pas soupçonné, pour nous autoriser à regarder toutes les recherches de pure curiosité comme pouvant un jour nous êtres utiles. Voilà l'origine et la cause des progrès de cette vaste science, appelée en général *physique* ou *étude de la nature*, qui comprend tant de parties différentes : l'agriculture et la médecine, qui l'ont principalement fait naître, n'en sont plus aujourd'hui que des branches. Aussi, quoique les plus essentielles et les premières de toutes, elles ont été plus ou moins en honneur à proportion qu'elles ont été plus ou moins étouffées et obscurcies par les autres. Dans cette étude que nous faisons de la nature, en partie par nécessité, en partie par amusement, nous remarquons que les corps ont un grand nombre de propriétés, mais tellement unies pour la plupart dans un même sujet, qu'afin de les étudier chacune plus à fond, nous sommes obligés de les considérer séparément. Par cette opération de notre esprit, nous découvrons bientôt des propriétés qui paraissent appartenir à tous les corps, comme la faculté de se mouvoir ou de rester en repos, et celle de se communiquer du mouvement, sources des principaux changements que nous observons dans la nature. L'examen de ces propriétés, et surtout de la dernière, aidé par nos propres sens, nous fait bientôt découvrir une autre propriété dont elles dépendent; c'est l'impénétrabilité où cette espèce de force par laquelle chaque corps en exclut tout autre du lieu qu'il occupe, de manière que deux corps, rapprochés le plus qu'il est possible, ne peuvent jamais occuper un espace moindre que celui qu'ils remplissaient étant désunis. L'impénétrabilité est la propriété principale par laquelle nous distinguons les corps des parties de l'espace indéfini où nous imaginons qu'ils sont placés ; du moins c'est ainsi que nos sens nous font juger, et, s'ils nous trompent sur ce point, c'est une erreur si métaphysique, que notre existence et notre conservation n'en ont rien à craindre, et que nous y revenons continuellement, comme malgré nous, par notre manière ordinaire de concevoir. Tout nous porte à regarder l'espace comme le lieu des corps, sinon réel, au moins supposé ; c'est en effet par le secours des parties de cet espace considérées comme pénétrables et immobiles, que nous parvenons à nous former l'idée la plus nette que nous puissions avoir du mouvement. Nous sommes donc comme naturellement contraints à distinguer, au moins par l'esprit, deux sortes d'étendue, dont l'une est impénétrable, et l'autre constitue le lieu des corps. Ainsi, quoique l'impénétrabilité entre nécessairement dans l'idée que nous nous formons des portions de la matière, cependant, comme c'est une propriété relative, c'est-à-dire dont nous n'avons l'idée qu'en examinant deux corps ensemble, nous nous accoutumons bientôt à la regarder comme distinguée de l'étendue, et à considérer celle-ci séparément de l'autre.

Par cette nouvelle considération nous ne voyons plus les corps que comme des parties figurées et étendues de l'espace; point de vue le plus général et le plus abstrait sous lequel nous puissions les envisager. Car l'étendue où nous ne distinguerions point de parties figurées ne serait qu'un tableau lointain et obscur, où tout nous échapperait, parce qu'il nous serait impossible d'y rien discerner. La couleur et la figure, propriétés toujours attachées aux corps quoique variables pour chacun d'eux, nous servent en quelque sorte à les détacher du fond de l'espace; l'une de ces deux propriétés est même suffisante à cet égard : aussi, pour considérer les corps sous la forme la plus intellectuelle, nous préférons la figure et la couleur, soit parce que la figure nous est plus familière étant à la fois connue par la vue et par le toucher, soit parce qu'il est plus facile de considérer dans un corps la figure sans la couleur, que la couleur sans la figure; soit enfin parce que la figure sert à fixer plus aisément, et d'une manière moins vague, les parties de l'espace.

Nous voilà donc conduits à déterminer les propriétés de l'étendue, simplement en tant que figurée. C'est l'objet de la *géométrie*, qui, pour y parvenir plus facilement, considère d'abord l'étendue limitée par une seule dimension, ensuite par deux, et enfin sous les trois dimensions qui constituent l'essence du corps intelligible, c'est-à-dire d'une portion de l'espace terminée en tout sens par des bornes intellectuelles.

Ainsi, par des opérations et des abstractions successives de notre esprit, nous dépouillons la matière de presque toutes ses propriétés sensibles pour n'envisager en quelque manière que son fantôme ; et on doit sentir d'abord que les découvertes auxquelles cette recherche nous conduit ne pourront manquer d'être fort utiles toutes les fois qu'il ne sera point nécessaire d'avoir égard à l'impénétrabilité des corps ; par exemple, lorsqu'il sera question d'étudier leur mouvement en les considérant comme des parties de l'espace, figurées, mobiles, et distantes les unes des autres.

L'examen que nous faisons de l'étendue figurée nous présentant un grand nombre de combinaisons à faire, il est nécessaire d'inventer quelque moyen qui nous rende ces combinaisons plus faciles ; et, comme elles consistent principalement dans le calcul et le rapport des différentes parties dont nous imaginons que les corps géométriques sont formés, cette recherche nous conduit bientôt à l'*arithmétique* ou *science des nombres*. Elle n'est autre chose que l'art de trouver d'une manière abrégée l'expression d'un rapport unique qui résulte de la comparaison de plusieurs autres. Les différentes manières de comparer ces rapports donnent les différentes règles de l'*arithmétique*.

De plus, il est bien difficile qu'en réfléchissant sur ces règles, nous n'apercevions pas certains principes ou propriétés générales des rapports par le moyen desquelles nous pouvons, en exprimant ces rapports d'une manière universelle, découvrir les différentes combinaisons qu'on en peut faire. Les résultats de ces combinaisons, réduits sous une forme générale, ne seront, en effet, que des calculs arithmétiques indiqués et représentés par l'expression la plus simple et la plus courte que puisse souffrir leur état de généralité. La science ou l'art de désigner ainsi les rapports est ce qu'on nomme *algèbre*. Ainsi, quoiqu'il n'y ait proprement de calcul possible que par les nombres, ni de grandeur mesurable que l'étendue (car sans l'espace nous ne pourrions mesurer exactement le temps), nous parvenons, en généralisant toujours nos idées, à cette partie principale des mathématiques, et de toutes les sciences naturelles, qu'on appelle *science des grandeurs en général*; elle est le fondement de toutes les découvertes qu'on peut faire sur la quantité, c'est-à-dire sur tout ce qui est susceptible d'augmentation ou de diminution.

Cette science est le terme le plus éloigné où la contemplation des propriétés de la matière puisse nous conduire, et nous ne pourrions aller plus loin sans sortir tout à fait de l'univers matériel. Mais telle est la marche de l'esprit dans ses recherches, qu'après avoir généralisé ses perceptions jusqu'au point de ne pouvoir plus les décomposer davantage, il revient ensuite sur ses pas, recompose de nouveau ces perceptions mêmes, et en forme peu à peu et par gradation les êtres réels qui sont l'objet immédiat et direct de nos sensations. Ces êtres, immédiatement relatifs à nos besoins, sont aussi ceux qu'il nous importe le plus d'étudier; les abstractions mathématiques nous en facilitent la connaissance; mais elles ne sont utiles qu'autant qu'on ne s'y borne pas.

C'est pourquoi, ayant en quelque sorte épuisé par les spéculations géométriques les propriétés de l'étendue figurée, nous commençons par lui rendre l'impénétrabilité, qui constitue le corps physique, et qui était la dernière qualité sensible dont nous l'avions dépouillé. Cette nouvelle considération entraîne celle de l'action des corps les uns sur les autres, car les corps n'agissent qu'en tant qu'ils sont impénétrables; et c'est de là que se déduisent les lois de l'équilibre et du mouvement, objet de la *méca-*

nique. Nous étendons même nos recherches jusqu'au mouvement des corps animés par des forces ou causes motrices inconnues, pourvu que la loi suivant laquelle ces causes agissent soit connue ou supposée l'être.

Rentrés enfin tout à fait dans le monde corporel, nous apercevons bientôt l'usage que nous pouvons faire de la *géométrie* et de la *mécanique* pour acquérir, sur les propriétés des corps, les connaissances les plus variées et les plus profondes. C'est à peu près de cette manière que sont nées toutes les sciences appelées *physico-mathématiques*. On peut mettre à leur tête l'*astronomie*, dont l'étude, après celle de nous-mêmes, est la plus digne de notre application par le spectacle magnifique qu'elle nous présente. Joignant l'observation au calcul, et les éclairant l'un par l'autre, cette science détermine avec une exactitude digne d'admiration les distances et les mouvements les plus compliqués des corps célestes; elle assigne jusqu'aux forces mêmes par lesquelles ces mouvements sont produits ou altérés. Aussi peut-on la regarder à juste titre *comme l'application la plus sublime et la plus sûre de la géométrie et de la mécanique réunies;* et ses progrès *comme le monument le plus incontestable du succès auquel l'esprit humain peut s'élever par ses efforts.*

L'usage des connaissances mathématiques n'est pas moins grand dans l'examen des corps terrestres qui nous environnent. Toutes les propriétés que nous observons dans ces corps ont entre elles des rapports plus ou moins sensibles pour nous : la connaissance ou la découverte de ces rapports est presque toujours le seul objet auquel il nous soit permis d'atteindre, et le seul par conséquent que nous devions nous proposer. Ce n'est donc point par des hypothèses vagues et arbitraires que nous pouvons espérer de connaître la nature, c'est par l'étude réfléchie des phénomènes, par la comparaison que nous ferons des uns avec les autres, par l'art de réduire, autant qu'il sera possible, un grand nombre de phénomènes à un seul qui puisse en être regardé comme le principe. En effet, plus on diminue le nombre des principes d'une science, plus on leur donne d'étendue; puisque l'objet d'une science étant nécessairement déterminé, les principes appliqués à cet objet seront d'autant plus féconds qu'ils seront en plus petit nombre. Cette réduction, qui les rend d'ailleurs plus faciles à saisir, constitue le véritable esprit systématique, qu'il faut bien se garder de prendre pour l'esprit de système avec lequel il ne se rencontre pas toujours. Nous en parlerons plus au long dans la suite.

Mais, à proportion que l'objet qu'on embrasse est plus ou moins difficile et plus ou moins vaste, la réduction dont nous parlons est plus ou moins pénible : on est donc aussi plus ou moins en droit de l'exiger de ceux qui se livrent à l'étude de la nature. L'aimant, par exemple, un des corps qui ont été le plus étudiés, et sur lequel on a fait des découvertes si surprenantes, a la propriété d'attirer le fer, celle de lui communiquer sa vertu, celle de se tourner vers les pôles du monde, avec une variation qui est elle-même sujette à des règles, et qui n'est pas moins étonnante que ne le serait une direction plus exacte; enfin, la propriété de s'incliner en formant avec la ligne horizontale un angle plus ou moins grand, selon le lieu de la terre où il est placé. Toutes ces propriétés singulières, dépendantes de la nature de l'aimant, tiennent vraisemblablement à quelque propriété générale, qui en est l'origine, qui jusqu'ici nous est inconnue, et peut-être le sera longtemps. Au défaut d'une telle connaissance, et des lumières nécessaires sur la cause physique des propriétés de l'aimant, ce serait sans doute une recherche bien digne d'un philosophe que de réduire, s'il était possible, toutes ses propriétés à une seule, en montrant la liaison qu'elles ont entre elles. Mais plus une telle découverte serait utile aux progrès de la physique, plus nous avons lieu de craindre qu'elle ne soit refusée à nos efforts. J'en dis autant d'un grand nombre d'autres phénomènes dont l'enchaînement tient peut-être au système général du monde.

La seule ressource qui nous reste donc dans une recherche si pénible, quoique si nécessaire, et même si agréable, c'est d'amasser le plus de faits qu'il nous est possible, de les disposer dans l'ordre le plus naturel, de les rappeler à un certain nombre de faits principaux dont les autres ne soient que des conséquences. Si nous osons quelquefois nous élever plus haut, que ce soit avec cette sage circonspection qui sied si bien à une vue aussi faible que la nôtre.

Tel est le plan que nous devons suivre dans cette vaste partie de la physique appelée *physique générale et expérimentale*. Elle diffère des sciences physico-mathématiques, en ce qu'elle n'est proprement qu'un recueil raisonné d'expériences et d'observations; au lieu que celles-ci, par l'application des calculs mathématiques à l'expérience, déduisent quelquefois en une seule et unique observation un grand nombre de conséquences qui tiennent de bien près, par leur certitude, aux vérités géométriques. Ainsi une expérience sur la réflexion de la lumière donne toute la *catoptrique* ou *science des propriétés des miroirs*; une seule sur la réfraction de la lumière produit l'explication mathématique de l'arc-en-ciel, la théorie des couleurs, et toute la *dioptrique* ou *science des propriétés des verres concaves et convexes*; d'une seule observation sur la pression des fluides, on tire toutes les lois de l'équilibre et du mouvement de ces corps; enfin, une expérience unique sur l'accélération des corps qui tombent fait découvrir les lois de leur chute sur des plans inclinés, et celles du mouvement des pendules.

Il faut avouer pourtant que les géomètres abusent quelquefois de cette application de l'algèbre à la physique. Au défaut d'expériences propres à servir de base à leur calcul, ils se permettent des hypothèses, les plus commodes à la vérité qu'il leur est possible, mais souvent très éloignées de ce qui est réellement dans la nature. On a voulu réduire en calcul jusqu'à l'art de guérir; et le corps humain, cette machine si compliquée, a été traité par nos médecins algébristes comme le serait la machine la plus simple ou la plus facile à décomposer. C'est une chose singulière de voir ces auteurs résoudre d'un trait de plume des problèmes d'hydraulique et de statique capables d'arrêter toute leur vie les plus grands géomètres. Pour nous, plus sages ou plus timides, contentons-nous d'envisager la plupart de ces calculs et de ces suppositions vagues comme des jeux d'esprit auxquels la nature n'est pas obligée de se soumettre ; et concluons que la seule et vraie manière de philosopher en physique consiste ou dans l'application de l'analyse mathématique aux expériences, ou dans l'observation seule, éclairée par l'esprit de méthode, aidée quelquefois par des conjectures lorsqu'elles peuvent fournir des vues, mais sévèrement dégagée de toute hypothèse arbitraire.

Arrêtons-nous un moment ici, et jetons les yeux sur l'espace que nous venons de parcourir. Nous y remarquerons deux limites où se trouvent, pour ainsi dire, concentrées presque toutes les connaissances certaines accordées à nos lumières naturelles. L'une de ces limites, celle d'où nous sommes partis, est l'idée de nous-mêmes, qui conduit à celle de l'Être tout-puissant et de nos principaux devoirs. L'autre est cette partie des mathématiques qui a pour objet les propriétés générales des corps, de l'étendue et de la grandeur. Entre ces deux termes est un intervalle immense, où l'intelligence suprême semble avoir voulu se jouer de la curiosité humaine, tant par les nuages qu'elle y a répandus sans nombre, que par quelques traits de lumière qui semblent s'échapper de distance en distance pour nous attirer. On pourrait comparer l'univers à certains ouvrages d'une obscurité sublime, dont les auteurs, en s'abaissant quelquefois à la portée de celui qui les lit, cherchent à lui persuader qu'il entend tout à peu près. Heureux donc, si nous nous engageons dans ce labyrinthe, de ne point quitter la véritable route ! autrement les éclairs destinés à nous y conduire ne serviraient souvent qu'à nous en écarter davantage.

Il s'en faut bien d'ailleurs que le petit nombre de connaissances certaines sur lesquelles nous pouvons compter, et qui sont, si on peut s'exprimer de la sorte, reléguées aux deux extrémités de l'espace dont nous parlons, soit suffisant pour satisfaire à tous nos besoins. La nature de l'homme, dont l'étude est si nécessaire, est un mystère impénétrable à l'homme même, quand il n'est éclairé que par la raison seule, et les plus grands génies, à force de réflexions sur une matière si importante, ne parviennent que trop souvent à en savoir un peu moins que le reste des autres hommes. On peut en dire autant de notre existence présente et future, de l'essence de l'Être auquel nous la devons, et du genre de culte qu'il exige de nous.

Rien ne nous est donc plus nécessaire qu'une religion révélée qui nous instruise sur tant de divers objets. Destinée à servir de supplément à la connaissance naturelle, elle nous montre une partie de ce qui nous était caché ; mais elle se borne à ce qu'il nous est absolument nécessaire de connaître : le reste est fermé pour nous, et apparemment le sera toujours. Quelques vérités à croire, un petit nombre de préceptes à pratiquer, voilà à quoi la religion révélée se réduit : néanmoins, à la faveur des lumières qu'elle a communiquées au monde, le peuple même est plus ferme et plus décidé sur un grand nombre de questions intéressantes, que ne l'ont été toutes les sectes des philosophes.

A l'égard des sciences mathématiques, qui constituent la seconde des limites dont nous avons parlé, leur nature et leur nombre ne doivent point nous en imposer. C'est à la simplicité de leur objet qu'elles sont principalement redevables de leur certitude. Il faut même avouer que comme toutes les parties des mathématiques n'ont pas un objet également simple, aussi la certitude proprement dite, celle qui est fondée sur des principes nécessairement vrais et évidents par eux-mêmes, n'appartient ni également ni de la même manière à toutes ces parties. Plusieurs d'entre elles, appuyées sur des principes physiques, c'est-à-dire sur des vérités d'expériences ou sur de simples hypothèses, n'ont pour ainsi dire qu'une certitude d'expérience ou même de pure supposition. Il n'y a, pour parler exactement, que celles qui traitent du calcul des grandeurs et des propriétés générales de l'étendue, c'est-à-dire l'*algèbre*, la *géométrie* et la *mécanique*, qu'on puisse regarder comme marquées au sceau de l'évidence. Encore y a-t-il, dans la lumière que ces sciences présentent à notre esprit, une espèce de gradation, et, pour ainsi dire, de nuance à observer. Plus l'objet qu'elles embrassent est étendu et considéré d'une manière générale et abstraite, plus aussi leurs principes sont exempts de nuages ; c'est par cette raison que la géométrie est plus simple que la mécanique, et l'une et l'autre moins simples que l'algèbre. Ce paradoxe n'en sera point un pour ceux qui ont étudié ces sciences en philosophes ; les notions les plus abstraites, celles que le commun des hommes regarde comme les plus inaccessibles, sont souvent celles qui portent avec elles une plus grande lumière ; l'obscurité s'empare de nos idées à mesure que nous examinons dans un objet plus de propriétés sensibles. L'impénétrabilité, ajoutée à l'idée de l'étendue, semble ne nous offrir qu'un mystère de plus ; la nature du mouvement est une énigme pour les philosophes ; le principe métaphysique des lois de la percussion ne leur est pas moins caché ; en un mot, plus ils approfondissent l'idée qu'ils se forment de la matière et des propriétés qui la représentent, plus cette idée s'obscurcit et paraît vouloir leur échapper.

On ne peut donc s'empêcher de convenir que l'esprit n'est pas satisfait au même degré par toutes les connaissances mathématiques ; allons plus loin, et examinons sans prévention à quoi ces connaissances se réduisent. Envisagées d'un premier coup d'œil, elles sont sans doute en fort grand nombre, et même en quelque sorte inépuisables ; mais, lorsqu'après les avoir accumulées on en fait le dénombrement philosophique, on s'aperçoit qu'on est, en effet, beaucoup moins riche qu'on ne croyait l'être. Je ne parle point ici du peu d'application et d'usage qu'on peut faire de plusieurs de ces vérités, ce serait peut-être un argument assez faible contre elles : je parle de ces vérités considérées en elles-mêmes. Qu'est-ce que la plupart de ces axiomes dont la géométrie est si orgueilleuse, si ce n'est l'expression d'une même idée simple par deux signes ou mots différents ? Celui qui dit que *deux et deux font quatre* a-t-il une connaissance de plus que celui qui se contenterait de dire que *deux et deux font deux et deux* ? Les idées de tout, de partie, de plus grand et de plus petit, ne sont-elles pas, à proprement parler, la même idée simple et individuelle, puisqu'on ne saurait avoir l'une sans que les autres se présentent toutes en même temps ! Nous devons, comme l'ont observé quelques philosophes, bien des erreurs à l'abus des mots ; c'est peut-être à ce même abus que nous devons les axiomes. Je ne prétends point cependant en condamner absolument l'usage : je veux seulement faire observer à quoi il se réduit ; c'est à nous rendre les idées simples plus familières par l'habitude, et plus propres aux différents usages auxquels nous pouvons les appliquer. J'en dis à peu près autant, quoique avec les restrictions convenables, des théorèmes mathématiques. Considérés sans préjugé, ils se réduisent à un assez petit nombre de vérités primitives. Qu'on examine une suite de propositions de géométrie déduites les unes des autres, en sorte que deux propositions voisines se touchent immédiatement et sans aucun intervalle, on s'apercevra qu'elles ne sont toutes que la première proposition qui se défigure, pour ainsi dire, successivement et peu à peu dans le passage d'une conséquence à la suivante, mais qui pourtant n'a point été réellement multipliée par cet enchaînement, et n'a fait que recevoir différentes formes. C'est à peu près comme si on voulait exprimer cette proposition par le moyen d'une langue qui se serait insensiblement dénaturée, et qu'on l'exprimât successivement de diverses manières, qui représentassent les différents états par lesquels la langue a passé. Chacun de ces états se reconnaîtrait dans celui qui en serait immédiatement voisin ; mais dans un état peu éloigné, on ne le démêlerait plus, quoiqu'il fût toujours dépendant de ceux qui l'auraient précédé, et destiné à transmettre les mêmes idées. On peut donc regarder l'enchaînement de plusieurs vérités géométriques comme des traductions plus ou moins différentes et plus ou moins compliquées de la même proposition, et souvent de la même hypothèse. Ces traductions sont, au reste, fort avantageuses par les divers usages qu'elles nous mettent à portée de faire du théorème qu'elles expriment ; usages plus ou moins estimables à proportion de leur importance et de leur étendue. Mais, en convenant du mérite réel de la traduction mathématique d'une proposition, il faut reconnaître aussi que ce mérite réside originairement dans la proposition même. C'est ce qui doit nous faire sentir combien nous sommes redevables aux génies inventeurs qui, en découvrant quelqu'une de ces vérités fondamentales, source, et, pour ainsi dire, original d'un grand nombre d'autres, ont réellement enrichi la géométrie et étendu son domaine.

Il en est de même des vérités physiques et des propriétés des corps dont nous apercevons la liaison. Toutes ces propriétés bien rapprochées ne nous offrent, à proprement parler, qu'une connaissance simple et unique. Si d'autres en plus grand nombre sont détachées pour nous, et forment des vérités différentes, c'est à la faiblesse de nos lumières que nous devons ce triste avantage; et l'on peut dire que notre abondance à cet égard est le fait de notre indigence même. Les corps électriques, dans lesquels on a découvert tant de propriétés singulières, mais qui ne paraissent pas tenir l'une à l'autre, sont peut-être en un sens les corps les moins connus, parce qu'ils paraissent l'être davantage. Cette vertu qu'ils acquièrent, étant frottés, d'attirer de petits corpuscules, et celle de produire dans les animaux une commotion violente, sont deux choses pour nous; c'en serait une seule si nous pouvions remonter à la première cause. L'univers, pour qui saurait l'embrasser d'un seul point de vue, ne serait, s'il est permis de le dire, qu'un fait unique et une grande vérité.

Les différentes connaissances, tant utiles qu'agréables, dont nous avons parlé jusqu'ici, et dont nos besoins ont été la première origine, ne sont pas les seules que l'on ait dû cultiver. Il en est d'autres qui leur sont relatives, et auxquelles, par cette raison, les hommes se sont appliqués dans le même temps qu'ils se livraient aux premières. Aussi, nous aurions en même temps parlé de toutes si nous n'avions cru plus à propos et plus conforme à l'ordre philosophique de ce discours d'envisager d'abord sans interruption l'étude générale que les hommes ont faite des corps, parce que cette étude est celle par laquelle ils ont commencé, quoique d'autres s'y soient bientôt jointes. Voici à peu près dans quel ordre ces dernières ont dû se succéder.

L'avantage que les hommes ont trouvé à étendre la sphère de leurs idées, soit par leurs propres efforts, soit par le secours de leurs semblables, leur a fait penser qu'il serait utile de réduire en art la manière même d'acquérir des connaissances, et celle de se communiquer réciproquement leurs propres pensées ; cet art a donc été trouvé, et nommé *logique*. Il enseigne à ranger les idées dans l'ordre le plus naturel, à en former la chaîne la plus immédiate, à décomposer celles qui en renferment un trop grand nombre de simples, à les envisager par toutes leurs faces, enfin à les présenter aux autres sous une forme qui les leur rende faciles à saisir. C'est en cela que consiste cette science du raisonnement qu'on regarde avec raison comme la clef de toutes nos connaissances. Cependant, il ne faut pas croire qu'elle tienne le premier rang dans l'ordre de l'invention. L'art de raisonner est un présent que la nature fait d'elle-même aux bons esprits, et on peut dire que les livres qui en traitent ne sont guères utiles qu'à celui qui se peut passer d'eux. On a fait un grand nombre de raisonnements justes, longtemps avant que la logique, réduite en principes, apprit à démêler les mauvais, et même à les pallier quelquefois par une forme subtile ou trompeuse.

Cet art si précieux de mettre dans les idées l'enchaînement convenable, et de faciliter en conséquence le passage des unes aux autres, fournit en quelque manière le moyen de rapprocher, jusqu'à un certain point, les hommes qui paraissent différer le plus. En effet, toutes nos connaissances se réduisent primitivement à des sensations qui sont à peu près les mêmes dans tous les hommes, et l'art de combiner et de rapprocher des idées directes, n'ajoute proprement à ces mêmes idées qu'un arrangement plus ou moins exact, et une énumération qui peut être rendue plus ou moins sensible aux autres. L'homme qui combine aisément des idées ne diffère guère de celui qui les combine avec peine que comme celui qui juge tout d'un coup d'un tableau en l'envisageant diffère de celui qui a besoin pour l'apprécier qu'on lui en fasse observer successivement toutes les parties : l'un et l'autre, en jetant un premier coup d'œil, ont eu les mêmes sensations, mais elles n'ont fait, pour ainsi dire, que glisser sur le second ; et il n'eût fallu que l'arrêter et le fixer plus longtemps sur chacune pour l'amener au même point où l'autre s'est trouvé tout d'un coup. Par ce moyen, les idées réfléchies du premier seraient devenues aussi à portée du second que les idées directes. Ainsi, il est peut-être vrai de dire qu'il n'y a presque point de science ou d'art dont on ne pût à la rigueur, et avec une bonne logique, instruire l'esprit le plus borné; parce qu'il y en a peu dont les propositions ou les règles ne puissent être réduites à des notions simples, et disposées entre elles dans un ordre si immédiat, que la chaîne ne se trouve nulle part interrompue. La lenteur plus ou moins grande des opérations de l'esprit exige plus ou moins cette chaîne, et l'avantage des plus grands génies se réduit à en avoir moins besoin que les autres, ou plutôt à la former rapidement et presque sans s'en apercevoir.

La science de la communication des idées ne se borne pas à mettre de l'ordre dans les idées mêmes ; elle doit apprendre encore à exprimer chaque idée de la manière la plus nette qu'il est possible, et par conséquent à perfectionner les signes qui sont destinés à la rendre : c'est ainsi ce que les hommes ont fait peu à peu. Les langues, nées avec les sociétés, n'ont sans doute été d'abord qu'une collection assez bizarre de signes de toute espèce, et les corps naturels qui tombent sous nos sens ont été en conséquence les premiers objets que l'on ait désignés par des noms. Mais, autant qu'il est permis d'en juger, les langues dans cette première formation, destinées à l'usage le plus pressant, ont dû être fort imparfaites, peu abondantes, et assujetties à bien peu de principes certains, et les arts ou les sciences absolument nécessaires pouvaient avoir fait beaucoup de progrès lorsque les règles de la diction et du style étaient encore à naître. La communication des idées ne souffrait pourtant guère de ce défaut de règles, et même de la disette des mots; ou plutôt elle n'en souffrait qu'autant qu'il était nécessaire pour obliger chacun des hommes à augmenter ses propres connaissances par un travail opiniâtre, sans trop se reposer sur les autres. Une communication trop facile peut tenir quelquefois l'âme engourdie et nuire aux efforts dont elle serait capable. Qu'on jette les yeux sur les prodiges des aveugles-nés et des sourds et muets de naissance, on verra ce que peuvent produire les ressorts de l'esprit, pour peu qu'ils soient vifs et mis en action par des difficultés à vaincre.

Cependant la facilité de rendre et de recevoir des idées par un commerce mutuel ayant aussi de son côté des avantages incontestables, il n'est pas surprenant que les hommes aient cherché de plus en plus à augmenter cette facilité. Pour cela ils ont commencé par réduire les signes aux mots, parce qu'ils sont, pour ainsi dire, les symboles que l'on a le plus aisément sous la main. De plus, l'ordre de la génération des mots a suivi l'ordre des opérations de l'esprit : après les individus, on a nommé les qualités sensibles, qui, sans exister par elles-mêmes, existent dans ces individus, et sont communes à plusieurs; peu à peu l'on est enfin venu à ces termes abstraits, dont les uns servent à lier ensemble les idées, d'autres à désigner les propriétés générales des corps, d'autres à exprimer des notions purement spirituelles. Tous ces termes, que les enfants sont si longtemps à apprendre, ont coûté sans doute encore plus de temps à trouver. Enfin, réduisant l'usage des mots en préceptes, on a formé la *grammaire,* que l'on peut regarder comme une des branches de la logique. Éclairée par une métaphysique fine et déliée, elle démêle les nuances des idées, apprend à distinguer ces nuances par des signes différents, donne des règles pour faire de ces signes l'usage le plus avantageux, découvre souvent, par cet esprit philosophique qui remonte à la source de tout, les raisons du choix bizarre en apparence qui fait préférer un signe à un autre, et ne laisse enfin à ce caprice national qu'on appelle *usage* que ce qu'elle ne peut absolument lui ôter.

Les hommes, en se communiquant leurs idées, cherchent aussi à se communiquer leurs passions. C'est par l'éloquence qu'ils y parviennent. Faite pour parler au sentiment, comme la logique et la grammaire parlent à l'esprit, elle impose silence à la raison même, et les prodiges qu'elle opère souvent entre les mains d'un seul sur toute une nation sont peut-être le témoignage le plus éclatant de la supériorité d'un homme sur un autre. Ce qu'il y a de singulier, c'est qu'on ait cru suppléer par des règles à un talent si rare. C'est à peu près comme si on eût voulu réduire le génie en préceptes. Celui qui a prétendu le premier qu'on devait les orateurs à l'art, ou n'était pas du nombre, ou était bien ingrat envers la nature. Elle seule peut créer un homme éloquent ; les hommes sont le premier livre qu'ils doivent étudier pour y réussir, les grands modèles sont le second ; et tout ce que ces écrivains illustres nous ont laissé de philosophique et de réfléchi sur le talent de l'orateur, ne prouve que la difficulté de leur ressembler. Trop éclairés pour prétendre ouvrir la carrière, ils ne voulaient sans doute qu'en marquer les écueils. A l'égard de ces puérilités pédantesques qu'on a honorées du nom de *rhétorique*, ou plutôt qui n'ont servi qu'à rendre ce nom ridicule, et qui sont à l'art oratoire ce que la scolastique est à la vraie philosophie, elles ne sont propres qu'à donner de l'éloquence l'idée la plus fausse et la plus barbare. Cependant, quoiqu'on commence universellement à en reconnaître l'abus, la possession où elles sont depuis longtemps de former une branche distinguée de la connaissance humaine ne permet pas encore de les en bannir : pour l'honneur de notre discernement, le temps en viendra peut-être un jour.

Ce n'est pas assez pour nous de vivre avec nos contemporains et de les dominer. Animés par la curiosité et par l'amour-propre, et cherchant par une avidité naturelle à embrasser à la fois le passé, le présent et l'avenir, nous désirons en même temps de vivre avec ceux qui nous suivront, et d'avoir vécu avec ceux qui nous ont précédés. De là l'origine et l'étude de *l'histoire*, qui, nous unissant aux siècles passés par le spectacle de leurs vices et de leurs vertus, de leurs connaissances et de leurs erreurs, transmet les nôtres aux siècles futurs.

C'est là qu'on apprend à n'estimer les hommes que par le bien qu'ils font, et non par l'appareil imposant qui les environne : les souverains, ces hommes assez malheureux pour que tout conspire à leur cacher la vérité, peuvent eux-mêmes se juger d'avance à ce tribunal intègre et terrible ; le témoignage que rend l'histoire à ceux de leurs prédécesseurs qui leur ressemblent est l'image de ce que la postérité dira d'eux.

La *chronologie* et la *géographie* sont les deux rejetons et les deux soutiens de la science dont nous parlons, l'une place les hommes dans le temps ; l'autre les distribue sur notre globe. Toutes deux tirent un grand secours de l'histoire de la terre et de celle des cieux, c'est-à-dire des faits historiques et des observations célestes ; et s'il était permis d'emprunter ici le langage des poètes, on pourrait dire que *la science des temps* et *celle des lieux* sont filles de l'astronomie et de l'histoire.

Un des principaux fruits de l'étude des empires et de leurs révolutions est d'examiner comment les hommes, séparés, pour ainsi dire, en plusieurs grandes familles, ont formé diverses sociétés ; comment ces différentes sociétés ont donné naissance aux différentes espèces de gouvernements ; comment elles ont cherché à se distinguer les unes des autres, tant par les lois qu'elles se sont données, que par les signes particuliers que chacune a imaginés pour que ses membres communiquassent plus facilement entre eux. Telle est la source de cette diversité de langues et de lois, qui est devenue, pour notre malheur, un objet considérable d'étude. Telle est encore l'origine de la politique, espèce de morale d'un genre particulier et supérieur, à laquelle les principes de la morale ordinaire ne peuvent quelquefois s'accommoder qu'avec beaucoup de finesse, et qui, pénétrant dans les ressorts principaux du gouvernement des États, démêle ce qui peut les conserver, les affaiblir ou les détruire : étude peut-être la plus difficile de toutes, par les connaissances qu'elle exige qu'on ait sur les peuples et sur les hommes, et par l'étendue et la variété des talents qu'elle suppose, surtout quand le politique ne veut point oublier que la loi naturelle, antérieure à toutes les conventions particulières, est aussi la première loi des peuples, et que, pour être homme d'État, on ne doit point cesser d'être homme.

Voilà les branches principales de cette partie de la connaissance humaine qui consiste ou dans les idées directes que nous avons reçues par les sens, ou dans la combinaison et la comparaison de ces idées, combinaison qu'en général on appelle *philosophie*. Ces branches se subdivisent en une infinité d'autres dont l'énumération serait immense et appartient plus à l'*Encyclopédie* même qu'à sa préface.

La première opération de la réflexion consistant à rapprocher et à unir les notions directes, nous avons dû commencer, dans ce discours, par envisager la réflexion de ce côté-là, et parcourir les différentes sciences qui en résultent. Mais les notions formées par la combinaison des idées primitives ne sont pas les seules dont notre esprit soit capable; il est une autre espèce de connaissances réfléchies dont nous devons maintenant parler : elle consiste dans les idées que nous nous formons à nous-mêmes, en imaginant et en composant des êtres semblables à ceux qui sont l'objet de nos idées directes : c'est ce qu'on appelle l'*imitation de la nature*, si connue et si recommandée par les anciens. Comme les idées directes qui nous frappent le plus vivement sont celles dont nous conservons le plus aisément le souvenir, ce sont aussi celles que nous cherchons le plus à réveiller en nous par l'imitation de leurs objets. Si les objets agréables nous frappent plus étant réels que simplement représentés, ce qu'ils perdent d'agrément en ce dernier cas est en quelque manière compensé par celui qui résulte du plaisir de l'imitation. A l'égard des objets qui n'exciteraient, étant réels, que des sentiments tristes ou tumultueux, leur imitation est plus agréable que les objets mêmes, parce qu'elle nous place à cette juste distance où nous éprouvons le plaisir de l'émotion sans en ressentir le désordre.

C'est dans cette imitation des objets capables d'exciter en nous des sentiments vifs ou agréables, de quelque nature qu'ils soient, que consiste, en général, l'imitation de la belle nature, sur laquelle tant d'auteurs ont écrit sans en donner d'idée nette, soit parce que la belle nature ne se démêle que par un sentiment exquis, soit aussi parce que, dans cette matière, les limites qui distinguent l'arbitraire du vrai ne sont pas encore bien fixées et laissent quelque espace libre à l'opinion.

A la tête des connaissances qui consistent dans l'imitation, doivent être placées la peinture et la sculpture, parce que ce sont celles de toutes où l'imitation approche le plus des objets qu'elle représente et parle le plus directement aux sens. On peut y joindre cet art, né de la nécessité et perfectionné par le luxe, l'architecture, qui, s'étant élevée par degrés des chaumières aux palais, n'est, aux yeux du philosophe, si on peut parler ainsi, que le masque embelli d'un de nos plus grands besoins. L'imitation de la belle nature y est moins frappante et plus resserrée que dans les deux autres arts dont nous venons de parler ; ceux-ci expriment indifféremment et sans restrictions toutes les parties de la belle nature, et la représentent telle qu'elle est, uniforme ou variée ; l'architecture, au contraire, se borne à imiter, par l'assemblage et l'union des différents corps qu'elle emploie, l'arrangement symétrique que la nature observe plus ou moins sensiblement dans chaque individu, et qui contraste si bien avec la belle variété de tout ensemble.

1917. — Imprimerie de Suresnes (E. Payen, adm'), 9, rue du Pont.

BIBLIOTHÈQUE NATIONALE

CHÂTEAU de SABLÉ

1983

www.ingramcontent.com/pod-product-compliance
Lightning Source LLC
Chambersburg PA
CBHW060519050426
42451CB00009B/1060